For Mina, Leah & Kourtney

To those who work in acres, not in hours. Thank you, farmers, for the foods that nourish us.

Follow

@minalearnschinese

For a free audio reading in Mandarin and other bilingual books, visit
**www.minalearnschinese.com**

ISBN 978-1-953281-47-0

Copyright © 2022 by Katrina Liu. All rights reserved. No part of this book may be reproduced, transmitted, or stored in an information retrieval system in any form or by any means, graphic, electronic, or mechanical, including photocopying, taping, and recording, without prior written permission from the publisher. First edition 2022. Also available in a bilingual edition in Traditional Chinese and English only edition.

# 我们去农夫市场吧
## LET'S GO TO THE FARMERS' MARKET

"妹妹！"米娜说。"我们要去农夫市场！我好兴奋喔！"
丽雅笑着说："耶！但是姐姐，农夫市场是什么？"

"Mei-Mei!" Mina calls her little sister. "We're going to the farmers' market today! I'm so excited!"
Leah grins at her big sister. "Yay! But Jie-Jie, what's the farmers' market?"

"Nóng fū zài nóng fū shì cháng lǐ mài tā men zì jǐ zhòng de shí wù hé huā. Nǐ yí dìng huì xǐ huān!"

"农夫在农夫市场里卖他们自己种的食物和花。你一定会喜欢!"

"It's where local farmers sell the food and flowers they grow. You're going to love it!"

# FARMERS' MARKET

Mǐ nà hǎn: "Wǒ kàn dào shì chǎng le,
米娜喊：" 我看到市场了，
jiù zài jiē duì miàn!"
就在街对面！"

"I see the market!" Mina shouts.
"It's just across the street!"

"我们要先看左边,再看右边。
等绿灯亮的时候,我们才可以过马路。

"We look left and then we look right. We only cross the street when we see the green light."

Zài nóng fū shì cháng lǐ, tā men
在农夫市场里，她们
kàn dào le yì pái yì pái de zhàng péng.
看到了一排一排的帐篷。
At the market, they see rows and rows of tents.

Yǒu qù de dōng xi zhēn duō!
# 有趣的东西真多！
There are so many interesting things!

Lì yǎ shuō: "Wā, hǎo bàng ō. Wǒ men qù kàn kàn ba!"

丽雅说:"哇,好棒喔。我们去看看吧!"

"Wow, this is awesome. Let's check it out!" Leah says.

"Wǒ kàn dào le hǎo duō hóng sè de píng guǒ hé fān qié.
"我看到了好多红色的苹果和番茄。
Tā men kàn qǐ lái yòu yuán yòu duō zhī!"
它们看起来又圆又多汁!"

"I see lots of red apples and tomatoes. They look so round and juicy!"

Mǐ nà ná qǐ le yí gè lí shuō: "Hái yǒu huáng sè de níng méng hé lí."
米娜拿起了一个梨说:"还有黄色的柠檬和梨。"
Mina picks up a pear. "And yellow lemons and pears."

Lì yǎ jiào: "Xiàng mì fēng yí yàng liàng huáng sè!"
丽雅叫:"像蜜蜂一样亮黄色!"
"Bright yellow like a bee!" squeals Leah.

丽雅笑着说：
"南瓜和红萝卜！
它们从里到外都是橘色的！"

"Pumpkins and carrots! They're orange inside and out!" Leah giggles.

Mǐ nà zhǐ le yì duī kā fēi sè de mǎ líng shǔ shuō:

米娜指了一堆咖啡色的马铃薯说：

"Nǐ zhī dào ma? Zhè xiē shì zhǎng zài dì xià de!"

"你知道吗？这些是长在地下的！"

Mina points at the mounds of brown potatoes. "Did you know that these grow underground?"

"Nǐ kàn! Nà lí yǒu xīn xiān de shēng cài,
bō cài, huáng guā hé qí tā de lǜ yè shū cài."

"你看!那里有新鲜的生菜、菠菜、黄瓜和其它的绿叶蔬菜。"

"And look! There's fresh lettuce, spinach, cucumbers, and other leafy greens."

"还有紫色的茄子和葡萄。就像彩虹的颜色一样！"米娜兴奋地说。

"And purple eggplants and grapes. It's like the colors of a rainbow!" Mina declares.

丽雅喊：

"我爱彩虹！"

"I love rainbows!" Leah shouts.

Tā men zài xià ge zhàng péng lǐ kàn dào le hěn duō liàng jīng jīng de bō lí guàn.

她们在下个帐篷里看到了很多亮晶晶的玻璃罐。

"Nǐ kàn, zhè xiē shì yòng gè zhǒng shuí guǒ zuò chéng de guǒ jiàng."

"你看，这些是用各种水果做成的果酱。"

In the next tent, there are lots of shiny glass jars. "Look, these are jams made from different kinds of fruit."

Lì yǎ shuō: "Wā! Wǒ zuì xǐ huān tǔ sī pèi cǎo méi jiàng."
丽雅说:"哇!我最喜欢吐司配草莓酱。"
"Yumm! My favorite is toast with strawberry jam," Leah says.

丽雅闻到了一股香味。
她说:"好像有人在烤面包!"
她们看见了一位面包师傅,
正端着刚出炉的面包和饼干。

Leah smells something good. "I think someone is baking!" she says. They meet a baker with freshly baked bread and cookies.

Mā ma ràng tā men yì rén xuǎn yí piàn rè hōng hōng de bǐng gān. Zhēn hǎo chī!
妈妈让她们一人选一片热烘烘的饼干。真好吃！

Mama lets them each choose a warm cookie. They are delicious!

Jiē xià lái, tā men kàn dào yí gè kě ài de huā tān zi.
接下来，她们看到一个可爱的花摊子。

米娜说："这些向日葵好大！黑黑的花心摸起来毛茸茸的。"

Next, they see a cute flower stand.

"These sunflowers are huge! The big dark centers feel so fuzzy," Mina says.

丽雅盯着一盆仙人掌说："这个有很多刺！我们最好别摸它！"

Leah looks at a cactus. "This one has so many spikes! We'd better not touch it!"

Mā ma shuō: "Xiàn zài zhǐ xū yào mǎi jī dàn hé qǐ sī."
妈妈说:"现在只需要买鸡蛋和起司。"

"Nà biān!" Lì yá zhǐ le.
"那边!" 丽雅指了。

"Now we just need eggs and cheese," Mama says. "Over there!" Leah pointed.

丽雅撇了撇嘴说:"这个好臭!"
妈妈说:"但是它吃起来很美味。这些是用牛奶和羊奶做的!"

Leah makes a funny face. "It's so stinky!"
"But it tastes delicious," Mama says.
"These are made from cow's milk and goat's milk!"

突然，米娜听到远方传来好听的音乐。
Suddenly, Mina hears a beautiful melody in the distance.

Tā men kàn dào yí wèi jiē tóu yì rén zài tán jí tā chàng gē.
她们看到一位街头艺人在弹吉他唱歌。
They see a man with a guitar singing a lively song.

Lì yá rěn bú zhù tiào qǐ wǔ lái.
丽雅忍不住跳起舞来。
Leah can't help but dance along.

她们坐下来听音乐。妈妈微笑着问:
"真是美好的一天,你们觉得呢?"

As they sit down to listen to the music, Mama smiles.
"This was a wonderful day, don't you think?" she asks.

米娜笑着说:"对呀!我们下次要去哪里探险呢?"

Mina grins. "Yeah! Where should we explore next?"

Printed in the USA
CPSIA information can be obtained
at www.ICGtesting.com
LVHW062102240124
769814LV00015B/374